Doris Wagner

NICHT ALLEIN

Gedichte der Würdigung,

des Trosts und der Hoffnung

Bibliografische Information der Deutschen Nationalbibliothek:
Die Deutsche Nationalbibliothek verzeichnet diese Publikation
in der Deutschen Nationalbibliografie; detaillierte bibliografische
Daten sind im Internet über http://dnb.dnb.de abrufbar.

© 2018 Dr. Doris Wagner
Herstellung und Verlag:
BoD – Books on Demand, Norderstedt

ISBN: 9783748139874

Inhalt

Vorwort

Dieses Buch trägt den Titel des letzten Gedichts, das ich meiner Mutter gewidmet habe. Es endet mit den Worten: „Mit dir im Herzen bin ich nicht allein". So sollen die Gedichte Personen mit schwerem Verlust oder großem Leid ein wenig Trost spenden, Hoffnung machen oder auch einfach nur eine Stimme geben. Mögen sie sich auf diese Weise nicht so allein fühlen.

1. Der Feuerball

Heute war es draußen schon richtig kalt

bei meinem Gang am Morgen im Wald,

doch als ich die Sonne aufgehen sah,

warst du mir wieder ganz, ganz nah.

Mir wurde plötzlich wohlig und warm -

als hieltest du mich in deinem Arm.

Welch ein wunderschöner roter Feuerball,

der da stieg empor aus dem All.

Ob du das erleben kannst mit mir?

Ist ein Teil von dir noch hier

oder ist mit dem Tod doch alles vorbei -

unser Leben für immer gebrochen entzwei?

Eine klare Antwort hat niemand für mich,

aber ich weiß, dass ich mir ganz ohne dich

mein Leben einfach nicht vorstellen kann

und da reicht mir auch kein „Irgendwann".

Ist mir egal, was andere sagen -

ich würde mich ohne dich zu sehr plagen.

Deshalb lebst du weiter in mir

und ich teile mein Leben weiter mit dir.

2. Für immer lieben

Da liegt es, ihr Baby, die Augen sind zu,

als schlief es einfach nur ganz in Ruh.

Seine Händchen sind so zart und klein,

sie möchte es spüren, ihr Kindelein.

So nimmt sie es vorsichtig auf den Arm,

sein Körper ist schon nicht mehr so warm,

doch während sie es an sich drückt,

ist sie fast ein wenig beglückt.

Sie will es erleben für einen Moment,

das Gefühl, das sie bisher nicht kennt:

ihr eigenes Baby hoch zu heben -

ihm doch noch ein bisschen Liebe zu geben.

Auch wenn es vielleicht schon nichts mehr spürt,

ist sie im Herzen tief berührt.

Wie viel würde sie ihm gerne geben,

doch es hatte keine Chance zu überleben.

Jetzt steht sie da und hält es fest,

ihre Lippen sind fest aufeinander gepresst.

Nur noch ein wenig den Moment genießen,

bevor ihr wieder die Tränen fließen.

Warum mein Kind, warum nur du?

Die Antwort bleibt aus und die Zeit geht im Nu.

Sie weiß, jetzt wird es für sie noch schlimmer,

denn sie muss Abschied nehmen für immer.

So küsst sie es noch ein letztes Mal

und flüstert ihm zu - trotz aller Qual:

„Wer weiß, was dir ist erspart geblieben,

ich werde dich für immer lieben!"

3. Ein anderes Leben

Er konnte sich damals noch so plagen
und wurde doch immer wieder geschlagen,
weil er irgendwas nicht richtig machte
oder nicht genügend Leistung brachte.

So war seine Kindheit grausam und hart -
niemand hat ihn vor dem Vater bewahrt,
dessen Wut blieb stets unberechenbar -
egal, wie fleißig der Junge auch war.

Er hat gelernt, viel Schmerz zu ertragen
und sich beim Arbeiten zu plagen,
damit er es doch vielleicht irgendwann
nur ein Mal dem Vater recht machen kann.

Aber der verlangte immer noch mehr

und der Junge schuftete so sehr,

um abends dennoch seine Prügel zu bekommen

und ins Bett zu fallen ganz benommen.

Er musste leisten schon früh sehr viel,

während man ihm verbot jedes Spiel -

hatte ständig sein Bestes zu geben,

um im eignen Elternhaus zu überleben.

So wurde er gnadenlos hart und kalt,

zu überleben die schreckliche Gewalt

und körperlich wie seelisch nichts zu spüren,

damit ihn auch nichts mehr konnte berühren.

Sein späterer Werdegang war brillant -

er war überall als der Beste bekannt,

doch tief im Innersten blieb die Sicht:

Ich bin ein armer kleiner Wicht.

Keine seiner Leistungen war ihm was wert -

egal, wie sehr er wurde geehrt,

denn da gab es in ihm diese böse Seite,

vor der jeder würde suchen das Weite.

Sie glich seinem Vater ganz extrem -

er durft' es sich machen nie bequem,

musste schuften und ackern wie verrückt,

auch wenn ihn gerade etwas bedrückt'.

Wie wichtig wäre ein anderes Leben,

in dem er nicht so viel müsste geben,

zumal sein Körper immer müder wird -

er spürt, dass er sich so ruiniert.

Doch es fällt ihm noch immer sehr schwer,

auf seine Grenzen zu achten mehr

und die eignen Stärken wie Schwächen zu schätzen,

statt ständig den Kritiker auf sich zu hetzen.

Die Härte sich selbst gegenüber hat ihn geschützt -

sie hat im Elternhaus zum Überleben genützt,

aber heute muss er etwas Neues probieren,

möchte er nicht sein Leben riskieren.

Das ist ihm klar, doch die Angst ist groß.

„Wenn sie mich verspotten, was mach ich dann bloß?"

Es kostet ihn unendlich viel Mut,

zu überwinden die auf sich gerichtete Wut.

Auf einmal ist da dieser Moment,

als er in den Augen seines Sohnes sich selbst erkennt

und eine tiefe Zuneigung spürt,

die ihn ganz unerwartet berührt.

Er weiß: Seinen Sohn, den liebt er sehr.

Doch ist es sich selbst gegenüber fair,

ständig nur Schlechtes zu denken

und sich keine Achtung zu schenken?

Er spürt durch die Liebe zu seinem Kind,

wie wichtig die eignen Bedürfnisse sind

und dass auch er seine Rechte hat,

selbst wenn der Vater die mit Füßen trat.

4. Ich glaub an dich

„Was ist mein Leben denn noch wert?"

fragt sie, während sie sich beschwert,

dass sie ständig unter Schwäche leidet

und Kontakte zu anderen lieber vermeidet.

Was kennzeichnet eigentlich unser Leben

in einer Zeit, in der wir danach streben,

der Schnellste und die Beste zu sein -

wäre man denn ansonsten allein?

Ist die Leistung wirklich das, was zählt?

Wonach werden Freunde ausgewählt?

Was brauchst du, wenn du am Boden bist

und einfach ein Ohr zum Reden vermisst?

Sie war stets fleißig und engagiert,

hat für andre immer viel investiert,

doch was sie eigentlich ausgemacht hat,

das war nicht einfach die gute Tat.

Sie konnte die Kinder für etwas begeistern

und ihnen helfen, Probleme zu meistern,

indem sie erkannte, was ihnen fehlte,

und das entsprechende Spielzeug wählte.

Es war ihr Gespür und die Empathie,

weshalb die Kinder so schätzten nur sie.

Wenn eins sich verletzte, dann war sie da,

und beim Erzählen saßen sie ihr ganz nah.

Sie hat sich so viel Mühe gemacht,

den Kindern zu zeigen mit Bedacht,

welche Stärken jedes von ihnen hat,

so dass es stolz war auf seine Tat.

Könnt' sie doch nur dem Kind in sich

genauso sagen: „Ich glaub an dich"

und es liebevoll in die Arme nehmen,

statt sich wegen allem zu grämen.

5. Nur ein Geruch

Nur ein Geruch und alles ist wieder da,

was damals in jenem Keller geschah.

Sei es ein Parfum oder der heilige Rauch -

vieles erinnert an den schrecklichen Brauch,

der damals im Namen Gottes sollt' sein,

begleitet vom Gerede der Priester in Latein.

Es war ein barbarisches Ritual -

für die Kinder von unendlicher Qual.

Wie soll er das je vergessen können?

Er hat nie gelernt, sich etwas zu gönnen.

Selbst wenn er es hätte, es würde nicht reichen,

den schrecklichen Erinnerungen auszuweichen.

Sein Glied verstümmelt, der Arm gelähmt -

Folgen, für die er sich bis heute schämt,

doch wie hätte er sich schützen sollen?

Schon als Baby im Heim, da gab es kein Wollen.

Von klein auf gedemütigt und geschlagen,

als „Hurensohn" durfte er einfach nichts wagen,

sonst gab es Schläge, wie kein Kind je erlebt',

oder der Schlüsselbund flog, dass der Schädel bebt'.

Sie waren immer und an allem schuld -

kein Hauch von Fürsorge oder Geduld -

wurden ausgebeutet wie kleine Sklaven,

Lob gab es nicht mal für die ganz Braven.

Bei den Nonnen hatten sie nichts zu melden,

mussten meistern ihr Leben wie kleine Helden,

deren Ruhm bis heute lautlos verhallt,

denn in der Kirche gibt es ja keine Gewalt.

Er fühlt sich seiner Würde beraubt

und ist überzeugt, dass ihm eh niemand glaubt.

Würd' er sein Schicksal heute schildern,

man würde versuchen, die Taten zu mildern.

Er müsste beweisen, was damals geschehen -

Indizien vorlegen für die schrecklichen Vergehen.

Welch ein Hohn, das wissen wir alle -

dadurch sitzt jedes Opfer in der Falle.

Die Fragen würden ihn schrecklich beschämen -

vielleicht würd' er sich das Leben nehmen,

denn es wäre wieder so wie im Heim:

Jede Gegenwehr wird erstickt im Keim.

Will überhaupt jemand wissen, was damals passierte

und sein Vertrauen schon früh ruinierte?

Mit viel Tabletten ruhig gehalten,

damit die Priester den Sex konnten frei gestalten -

brutal und pervers, wie es niemand glaubt,

so wurde er gnadenlos seiner Kindheit beraubt.

Später flößten sie ihm Drogen ein,

damit er weiter ertrug ihre Pein.

Sein Körper - nachts das Objekt der Lust -

wurde für ihn zum Grund des Frust.

Ohne ihn müsste er keinen Hunger erleiden

und könnte auch den Schmerz vermeiden.

Doch tief im Innersten war ihm klar:

Sein Körper ist eigentlich wunderbar.

Er wurde nur wie eine Maschine benutzt,

die man über Jahre weder pflegt noch putzt.

All die Arbeit auf den Feldern und Äckern -

bei klirrender Kälte gab es nichts zu meckern.

Kartoffeln mit bloßen Händen rausreißen

und sich vor Schmerz auf die Zähne beißen.

Oder im Heim das Schrubben und Putzen -

sie mussten schließlich den Nonnen nutzen.

Was Bauer und Hausfrau an Wissen erwarben,

hat er früh gelernt mit all seinen Narben.

Wie oft stand er draußen am großen Tor -

ein Kind, das nie die Hoffnung verlor,

dass da doch noch mal Eltern kämen,

die ihn zu sich nach Hause nähmen.

Er presste seine Wangen an die Gitterstäbe -

wenn es da draußen doch irgendwen gäbe,

der sein Schicksal wahrnehmen würde

und ihn erlöste von der schrecklichen Bürde.

6. Die Weihnachtskugel

Es war an einem jener Tage,

an denen die Adventszeit wurde zur Plage,

weil sie schuften mussten wie verrückt,

damit die Besucher konnten beglückt

die Bastelarbeiten der Kinder bestaunen -

nicht ahnend, welchen üblen Launen

der Nonnen sie dabei waren ausgesetzt,

ihr Fleiß wurde nicht im Geringsten geschätzt.

Plötzlich hatte er diese Kugel erblickt -

fast so, als hätte sie ihm zugenickt,

während die Sehnsucht ihn mal wieder plagte,

doch jetzt war der Moment, an dem er was wagte.

Er nahm die Kugel behutsam in die Hand,

schob sie dann schnell unter sein Gewand

und lief nach draußen heimlich und leise,

um den Schatz zu verstecken auf seine Weise.

Jetzt war sie geschützt vor den bösen Nonnen,

die ihnen verboten alle Freuden und Wonnen.

Sie lag dort sicher und geheim -

vergraben vor dem Kinderheim.

Wenn er ganz selten ging zu seinem Schatz -

er musste gut schützen diesen Platz,

dann war das wie die heilige Nacht -

als würd' er mit sehr viel Liebe bedacht.

Er hob die Kugel ganz nah vor die Augen,

wollte förmlich ihren Glanz einsaugen,

und während die Nase sie leicht berührte,

kam es ihm vor, als ob er spürte,

wie es um ihn wurde hell und warm -

er war für den Moment nicht mehr arm,

sondern durfte Weihnachten wie ein Kind erleben,

das bei Eltern ist, die ihm ganz viel geben.

Die Kugel leuchtete dunkelrot -

mit ihr vergaß er all seine Not.

Vor ihm ein Tisch voller Köstlichkeiten -

mit allem dabei, sogar Süßigkeiten.

Die Stube war wundervoll geschmückt

und die Kinder strahlten ganz beglückt.

Welch wundervolle heilige Nacht,

bis er die Kugel wieder vergrub ganz sacht.

7. Der erste Schnee

Heute fiel draußen der erste Schnee
und mir war, als wenn ich dich dort säh',
wie du zwischen den Flocken springst
und sogar ein wenig singst.
Wie hast du dich immer auf den Winter gefreut -
die Kälte hast du nie gescheut.

Selbst als dein Körper war schon sehr schwach,
wurdest du plötzlich wieder hellwach,
wenn draußen die großen Flocken schwebten -
der Glanz deiner Augen verriet, wie sie lebten.
Du konntest längst nicht mehr Schlitten fahren
und wusstest dir doch die Freude zu wahren.

Es war, als hätte die weiße Pracht

dir ganz viel Kraft geschenkt über Nacht,

so dass du wurdest in Gedanken frei -

draußen spielten die Kinder und du warst dabei,

wie sie mit ihren Schlitten tollten

und Kugeln für einen Schneemann rollten.

Was warst du für ein tapferes Kind,

das jeden schnell für sich gewinnt.

So werden sie bleiben, meine Schmerzen,

die ich noch immer spüre im Herzen.

Doch eines hast du mir beigebracht:

wie man es sich dabei leichter macht.

Trotz deiner Krankheit und all der Beschwerden

wolltest du nie bemitleidet werden.

Über den Schnee hast dich sogar im Bett gefreut

und keine Behandlung je bereut.

Warst immer so stark und voller Mut,

als hättest du ganz viel Hoffnung im Blut.

Du hast mir in deinen jungen Jahren,

in denen wir oft in der Klinik waren,

gezeigt, wie man Schweres überwindet

und immer Grund zur Freude findet.

So möcht' ich trotz allem dankbar sein,

denn du gibst mir Kraft - auch wenn ich wein'.

8. Endlich mal spüren

Er wollte sie doch endlich mal spüren -

einfach nur ihren Körper berühren,

aber sie zuckte sofort zusammen

und wollte ihn dafür verdammen.

Seine Wünsche waren eigentlich normal,

aber für sie wurd' jede Nähe zur Qual,

seit ihr Vater damals vor vielen Jahren

ihre Grenzen nicht wollte wahren.

Ist allabendlich in ihr Zimmer gekommen,

als hätte er ihr „Nein!" nicht vernommen.

Er hat an ihr ausgelebt seine Lust

oder auch abreagiert seinen Frust.

Sie wusste, dass der Freund ihr nichts tut,

aber dennoch kostete es viel Mut,

sich überhaupt auf ihn einzulassen

und ihn nicht für seine Lust zu hassen.

Die Lösung wäre, mit ihm zu sprechen,

sonst würde auch diese Beziehung zerbrechen.

Doch wie nur könnte sie es ihm sagen?

Sollte sie das wirklich wagen?

Sie hasste sich schon selbst so sehr,

würde sie danach leiden noch mehr?

Kann man das überhaupt überleben,

derart viel von sich preiszugeben?

Sie fragte sich ständig: Ist er der Mann,

der damit wirklich umgehen kann?

Bisher ist keiner bei ihr geblieben,

auch wenn alle sagten, wie sehr sie sie liebten.

Es gab keine Chance, sie musste es wagen,

ihm den Grund ihrer Ängste zu sagen.

So gestand sie langsam, Schritt für Schritt,

weshalb sie bei Zärtlichkeiten derart litt.

Endlich konnte er ihr Leid verstehen

und sich überlegen, wie es dürft' gehen,

dass sie sich fallen lassen kann

und ihn genießen möchte als Mann.

Er ging ganz behutsam mit ihr um -

sie musste nicht mehr leiden stumm.

Dieser Mann half ihr zu vergessen die Scheu

und es entstand eine Nähe, die beiden war neu.

So geschah, was niemals sie hätte gedacht:

Er hat sie zur glücklichsten Frau gemacht

und durfte sie immer wieder spüren -

mehr als nur ihren Körper berühren.

9. Eine Freiheit wie noch nie

Da saß sie und spürte wieder diese Leere
verbunden mit einer unendlichen Schwere.
Sie konnte nicht sagen, woher es kam -
ein Gefühl, das die Lust am Leben nahm.

Eigentlich hat sie alles richtig gemacht,
nur eben nicht an sich gedacht.
Sie war so fleißig und einsatzbereit -
keine Bitte ging ihr zu weit.

Es schien, als hätte sie hier auf Erden
nur das eine Ziel, geliebt zu werden,
und dafür einfach alles zu geben,
das war immer ihr größtes Bestreben.

Sie hatte schon früh als Kind erfahren,

dass die Menschen nur freundlich waren,

wenn sie stets tat, was man von ihr wollte,

und nicht widersprach und auch nicht schmollte.

So galt sie von klein auf als hilfsbereit

und hatte immer für jeden Zeit,

selbst wenn sie plagten starke Schmerzen -

andre lagen ihr doch so am Herzen.

Auch bei der Arbeit hörte man kein „Nein",

da konnte sie noch so verzweifelt sein.

Sie gab einfach alles und wehrte sich nie,

selbst wenn man schlecht redete über sie.

Die Zeichen des Körpers waren ihr egal,

denn sie glaubte, sie hätte keine Wahl.

Hat auf eigne Belange stets verzichtet

und den Fokus auf die andren gerichtet.

Sie kämpfte und schuftete immer mehr,

auch wenn ihr Körper rebellierte sehr.

Nachts machte sie kein Auge mehr zu,

denn die Schmerzen ließen ihr keine Ruh.

Das Leben schien so sinnlos zu sein

und sie fühlte sich unendlich allein.

Da war eine schreckliche Leere in ihr

und die Frage: „Wozu bin ich noch hier?"

Plötzlich streichelte sie ein Sonnenstrahl.

Er nahm ihr ganz sanft einen Teil ihrer Qual,

und während sie die Wärme spürte,

kam es ihr vor, als wenn er sie führte.

Sie folgte ihm in den goldenen Wald

und spürte dort draußen einen starken Halt.

Auf einmal fühlte sie sich frei wie ein Kind,

das seine Sorgen überlässt dem Wind.

So wurde aus der Schwere Leichtigkeit

und sie hörte sich sagen: „Ich steh dir zur Seit!"

Es war, als sei sie sich plötzlich ganz nah

und wie eine Freundin bedingungslos da.

Sie hatte trotz Schmerzen wieder schöne Tage

und mal nichts tun war für sie keine Plage,

denn endlich ging es auch um sie -

da war eine Freiheit wie noch nie.

10. Jetzt muss es doch gut sein

„Jetzt muss es doch gut sein", sagen die Leute,

„schon drei Jahre her - so viel Zeit bis heute."

Wer von denen hat je ein Kind geboren

und früher oder später wieder verloren?

Es ist, als fehlte ein Teil von dir für immer -

die Qual und das Leid sind bei Weitem schlimmer

als alles, was du je ertragen hast,

und sie begleitet dich ständig, diese Last.

Nie wieder seine Nähe spüren,

nie wieder seine Haut berühren,

nie wieder sein schönes Lächeln sehen -

was soll da in drei Jahren vergehen?

Der Alltag ist reiner Überlebenskampf,

normale Begegnungen werden zum Krampf,

denn die Leute haben ganz andere Themen

und können den Schmerz sowieso nicht nehmen.

So lebst du allein, die Seele wie leer -

hast keine Freude und brauchst auch nichts mehr

außer den wenigen Erinnerungsstücken,

die so weh tun und zugleich beglücken.

Nur ganz selten ist es wieder da:

das Gefühl, zum Leben zu sagen „ja".

Sei es, du musst lachen über die Kleinen

oder darfst bei Freunden einfach mal weinen.

So sind es die kleinen Dinge im Leben,

die es vermögen, dir Kraft zu geben -

trotz allem irgendwie durchzuhalten

und besondre Tage wieder schön zu gestalten.

11. In der Ferne ganz nah

Manchmal bewundre ich am Himmel die Sterne
und frag mich, ob du dort bist – weit in der Ferne.
Warst mir doch gestern noch ganz nah,
als ich das erste Frühlingsblümchen sah.

Ich wünschte, ich könnte dich wieder spüren,
nur ganz sanft deine Lippen berühren,
noch einmal deine Stimme hören
oder dich heimlich beim Schlafen stören.

Wie selbstverständlich war das alles für mich,
während ich jetzt fast verzweifle ohne dich.
Du hinterlässt eine große Leere im Leben -
jemand wie dich wird es nie wieder geben.

Doch zugleich bin ich dankbar für jeden Tag,

an dem ich dir zeigte, wie sehr ich dich mag,

und genießen durft' deine Zärtlichkeit -

wir hatten eine so schöne Zeit.

Was bleibt, sind die Erinnerungen daran,

die uns beiden keiner nehmen kann.

Nun denk ich beim Leuchten der Sterne an dich,

denn so ist es hier etwas leichter für mich.

12. Weiterleben

Plötzlich steht diese Diagnose im Raum.

Es kommt ihr vor wie ein schlechter Traum.

Heute morgen noch derart fit gefühlt

und jetzt einfach nur noch aufgewühlt.

„Die Mehrheit haben wir noch geheilt",

meint der Arzt, als er sich beeilt,

ihr schon mal die wichtigsten Infos zu geben,

wie man mit Krebs kann weiterleben.

Sie sitzt nur da, ist völlig verwirrt -

hat sie sich nicht doch wohl geirrt?

Gelten die Worte wirklich ihr?

Ja, was macht sie eigentlich hier?

Sie fühlt sich plötzlich nur noch leer,

hat an den Arzt keine Fragen mehr.

Möchte einfach nur noch weg -

sich irgendwie erholen von dem Schreck.

Sie fährt nach Hause wie in Trance -

wird es wohl geben eine Chance?

Kann sie das Drama je überwinden

und wieder Glück am Leben finden?

Die zwei OPs sind bald geschafft,

sie hat sich schnell wieder aufgerafft,

und auch die Bestrahlung steckt sie weg,

hat schließlich verstanden deren Zweck.

Bleibt nur noch die vorbeugende Therapie,

und die ist auch kein Problem für sie.

Was sie dagegen bringt ins Wanken,

sind ihre wiederkehrenden Gedanken.

Warum nur ist das mir passiert?

Ich hab doch so viel ausprobiert,

ein möglichst gesundes Leben zu führen

und die Grenzen meines Körpers zu spüren.

Was hab ich denn bloß falsch gemacht?

Hab ich vielleicht was nicht bedacht,

dass meine Zellen sich gegen die Ordnung wehrten

und nach Lust und Laune vermehrten?

Eine klare Antwort gibt es nicht.

Sie muss finden ihre eigne Sicht,

wie sie ihr Schicksal nutzen kann

und die Angst überwinden - irgendwann.

13. Nicht allein

Liebe Mama, jetzt bist du von uns gegangen,

aber ich muss mich deshalb nicht bangen,

denn tief im Herzen bist du mir ganz nah

und auch weiterhin für mich da.

Sei es, dass ich mit dir reden will

oder auch nur ganz leise und still

gemeinsam die Natur genießen -

sehen, wie die Blümchen sprießen

oder die Bäume sich bewegen im Wind,

wie du es mir zeigtest schon als Kind.

Ich höre die Vögelchen und Kirchenglocken mit dir,

denn selbst wenn du leiblich bist nicht mehr hier,

bleibt das Erlebnis mir immer präsent,

wie wir an deinem letzten Wochenend'

gemeinsam jenen Klängen lauschten

und miteinander liebe Worte tauschten.

Wie gern würd' ich dir noch vieles sagen,

aber ich möchte deshalb nicht klagen.

Hast so lange für uns durchgehalten,

konntest Familienfeste nicht mehr selbst gestalten,

und doch hast du uns noch immer viel gegeben

mit deiner Dankbarkeit und Freude am Leben.

Jeder bekam von dir ein Lächeln geschenkt -

Erinnerungen, an die man gerne denkt.

Du warst so anspruchslos und liebevoll,

alle fanden dich einfach toll.

So wirst du mir fest in Erinnerung sein -

mit dir im Herzen bin ich nicht allein.

Über die Autorin

Dr. phil. Dipl.-Psych. Doris Wagner wurde 1972 in Ettlingen geboren. Sie hat in Heidelberg Psychologie studiert und anschließend dort promoviert. Danach war sie an verschiedenen Kliniken tätig, unter anderem der Argentalklinik Isny in leitender Position und der Kinderklinik Memmingen, wo sie sich auch um die Eltern von Kindern auf der Intensivstation bemühte.

Seit 2014 arbeitet sie in eigener Praxis als Psychologische Psychotherapeutin in Rot an der Rot und behandelt sowohl Erwachsene als auch Kinder und Jugendliche. Ihre Schwerpunkte sind neben der Verhaltenstherapie die systemische Familientherapie und die Hypnotherapie.

Kontakt: www.psycho-praxis.info.